© copyright 1987,
Créalivres,
12, rue Chabanais - 75002 Paris.

Texte de Patrice Dard
Photographies de Jean-François Amann
Illustration p. 6/7 et p. 60/61 :
Maxime Cléry/Rapho

N° d'éditeur : C 187
N° ISBN pour la collection : 2-86721-067-1
N° ISBN pour le présent volume : 2-86721-071-4

Dépôt légal : Paris, 2e trimestre 1987.

Achevé d'imprimer le 31 mars 1987
sur les presses de
Printers à Trento (Italie).
Relié par L.E.G.O. à Vicenza (Italie).

Diffusion exclusive en Suisse pour la langue française :
Naville SA à Lausanne.

Diffusion exclusive au Canada pour la langue française :
Albert Soussan Inc. à Montréal.

Diffusion exclusive en Belgique pour la langue française :
Daphné Diffusion à Gent.

# LA CUISINE LYONNAISE

CRÉALIVRES
12, RUE CHABANAIS - 75002 PARIS

# LA CUISINE LYONNAISE

Il est intéressant de constater que, tandis que la cuisine dite « nouvelle » ne cesse de se développer dans notre pays, les cuisines régionales reviennent au goût du jour.

Notre collection rassemble les meilleures et les plus typiques recettes de nos provinces, plats principaux pour la plupart ou entrées si copieuses qu'elles peuvent constituer un repas à elles seules.

Mettons-nous un peu l'eau à la bouche, et ce n'est guère difficile. Il suffit pour cela de murmurer langoureusement les noms de quelques-uns des mets notoires de l'éternelle lugdunum dont les Romains firent la capitale de la gastronomie.

C'est bien plus qu'un programme que ces mots-là suggèrent, c'est toute une civilisation.

Triez et lavez soigneusement la salade frisée. Ne gardez que les feuilles blanches ou jaune pâle.

Cuisez les œufs mollets, c'est-à-dire 5 mn dans de l'eau vinaigrée ; puis plongez-les aussitôt dans l'eau froide.

Faites revenir le lard taillé en lardons et les foies de volaille pendant 5 mn dans une poêle anti-adhésive. Déglacez avec le vinaigre de Xérès.

Mélangez salade, lardons, foies de volaille, œufs mollets et croûtons.

Assaisonnez avec la vinaigrette au moment de déguster.

Une salade riche en saveurs qui peut devenir un plat unique pour peu qu'on en augmente sensiblement les proportions.

SERVEZ AVEC UNE MONDEUSE OU
UN GAMAY DE SAVOIE.

# SALADE
# LYONNAISE

Recette très simple pour 4 ou 5 personnes.
Préparation 20 mn. Cuisson 10 mn.

4 œufs - 250 g de lard frais - 8 foies de volaille
- 1 salade frisée - 16 croûtons frottés d'ail -
3 cuillerées à soupe de vinaigre de Xérès -
1 tasse de vinaigrette.

Faites tremper les lentilles la veille.

Préparez un « blanc » en délayant la farine dans de l'eau, puis en ajoutant vinaigre, carotte, oignon, bouquet garni, sel et poivre.

Cuisez les pieds 4 h dans cette préparation, à petit frémissement. Quand ils sont cuits, égouttez-les et désossez-les. Coupez-les en morceaux d'une bouchée.

Faites la sauce en mélangeant la crème, la moutarde et les œufs durs écrasés. Ajoutez les morceaux de pieds de mouton. Mélangez. Saupoudrez de ciboulette hachée et rectifiez au besoin l'assaisonnement.

Vers la fin de la cuisson des pieds, cuisez 35 mn les lentilles dans de l'eau salée, poivrée et parfumée d'un bouquet garni.

Égouttez les lentilles et assaisonnez-les quand elles sont encore tièdes avec une vinaigrette très moutardée et les échalotes finement hachées.

Savourez ensemble salade de pieds de mouton et salade de lentilles : vous pourrez alors vous croire dans un vrai « bouchon » lyonnais, en train de faire un « mâchon » de « clapotons »...

SERVEZ AVEC UN BEAUJOLAIS OU UN MÂCON BLANC.

# SALADE DE PIEDS DE MOUTON

Recette assez simple pour 6 personnes.
Préparation 30 mn. Cuisson 4 h.

8 pieds de mouton - 150 g de crème fraîche -
2 cuillerées à soupe de moutarde - 2 œufs durs
- 1 petit bouquet de ciboulette - sel et poivre. **Pour
le blanc de cuisson :** 2 cuillerées à soupe de
farine - 1 verre de vinaigre - 1 carotte - 1 oignon
- 1 bouquet garni - sel et poivre. **Pour la salade
de lentilles :** 250 g de lentilles - 1 bouquet garni
- 3 échalotes - 1 tasse de vinaigrette (très
moutardée).

Épluchez les cardons (ou les bettes). Coupez-les en tronçons.

Plongez-les immédiatement dans l'eau froide. Lavez-les à plusieurs reprises.

À l'eau bouillante, cuisez-les pendant 50 mn. Égouttez-les.

Avec le beurre, la farine et les bouillons de poule et de bœuf, faites un roux blond.

Salez et poivrez à votre convenance. Ajoutez les tronçons de cardons et la moelle des os.

Rectifiez au besoin l'assaisonnement et laissez mijoter 10 mn à feu doux.

Jamais peut-être légume n'a été porté aussi haut dans l'univers gastronomique !

SERVEZ AVEC UN CHIGNIN
OU UN BLANC DE MONTMÉLIAN.

# CARDONS
# À LA MOELLE

Recette cordon-bleu pour 4 personnes.
Préparation 20 mn. Cuisson 1 h.

1,5 kg de cardons (ou de bettes) - 100 g de beurre
- 1 cuillerée à soupe de farine - 3 verres de
bouillon de poule - 1 verre de bouillon de bœuf
(très concentré) - 3 os à moelle - sel et poivre.

Épluchez, lavez et faites cuire les pommes de terre. Réduisez-les en purée à l'aide d'un tamis.

Mouillez avec le lait chaud. Remuez pour obtenir une belle onctuosité. Laissez refroidir.

Ajoutez alors la farine et les œufs entiers, un à un.

Incorporez la crème fraîche. Salez et poivrez à votre gré et remuez jusqu'à avoir une consistance de crème bien homogène.

Dans une crêpière, faites fondre le beurre. Lorsqu'il est très chaud, versez la pâte cuillerée par cuillerée. Les crêpes se forment d'elles-mêmes.

Cuisez 3 mn. Retournez et cuisez 1 mn 30 sur l'autre face.

Servez très chaud avec une salade verte en garniture et bénissez Georges Blanc, maître de Vonnas et dépositaire de tant et tant de secrets gourmands.

SERVEZ AVEC UN FLEURIE
SI POSSIBLE NOUVEAU.

# CRÊPES VONNASSIENNES

Recette cordon-bleu pour 4 personnes.
Préparation 25 mn. Cuisson 25 mn.

3 grosses pommes de terre - 1 tasse de lait -
2 cuillerées à soupe de farine - 6 œufs - 100 g
de crème fraîche - 60 g de beurre - sel et poivre
blanc.

Cuisez les macaronis 7 mn dans de l'eau bouillante salée.

Pendant ce temps, faites bouillir le lait que vous salez, poivrez et muscadez.

Sitôt que le lait est chaud, ajoutez la crème. Mélangez bien.

Frottez un plat à gratin avec la gousse d'ail et beurrez-le.

Égouttez soigneusement les macaronis. Plongez-les dans le mélange lait/crème et versez dans le plat à gratin.

Parsemez avec du gruyère râpé et le reste du beurre.

Placez à four assez chaud (th. 6 - 180°) pendant 1 heure.

Le plus simple peut-être de tous les plats de la cuisine lyonnaise, mais aussi l'un des plus célèbres et des plus délectables.

SERVEZ AVEC UN BEAUJOLAIS FRAIS
UN JULIÉNAS PAR EXEMPLE.

# GRATIN
# DE MACARONIS

Recette très simple pour 6 personnes.
Préparation 15 mn. Cuisson 1 h et 7 mn.

500 g de macaronis - 3/4 l de lait - 200 g de
crème fraîche - 50 g de beurre - 200 g de gruyère
râpé - 1 gousse d'ail - 2 pincées de muscade
râpée - sel et poivre.

Pilez les filets de brochet pour les réduire en fine pommade que vous passez ensuite au chinois.

Dans une casserole, faites chauffer le lait avec le beurre, du sel et du poivre. Ajoutez la farine. Remuez à la cuiller en bois et laissez cuire à feu doux jusqu'à ce que la pâte se détache facilement des bords.

Retirez alors du feu. Incorporez les œufs un à un, puis la chair de brochet. Rectifiez au besoin l'assaisonnement.

À l'aide d'une cuiller à soupe formez des quenelles dans la pâte. Pochez-les 8 mn dans de l'eau bouillante salée. Préchauffez le four (th. 7 - 210°).

Préparez ensuite la sauce Nantua. Pour cela, dans une casserole, faites blondir la farine dans le beurre. Mouillez avec le lait en remuant. Après quelques minutes, ajoutez la crème fraîche, le beurre d'écrevisse, le Cognac, la muscade, du sel et du poivre.

Disposez les quenelles dans un plat à gratin beurré. Nappez avec la sauce Nantua. Mettez à four chaud (th. 7 - 210°) pendant 20 mn et régalez-vous de cet illustrissime classique de la cuisine lyonnaise.

SERVEZ AVEC UN POUILLY-FUISSÉ.

# QUENELLES
# DE BROCHET

Recette cordon-bleu pour 5 personnes.
Préparation 30 mn. Cuisson 40 mn.

400 g de filets de brochet. **Pour les quenelles :**
175 g de farine - 150 g de beurre - 1/4 l de lait
- 4 œufs - sel et poivre. **Pour la sauce Nantua :**
50 g de beurre - 1 cuillerée à soupe de farine -
1/2 l de lait - 150 g de crème fraîche - 150 g de
beurre d'écrevisse - 1 cuillerée à soupe de
Cognac - 1 pincée de muscade râpée - sel et
poivre.

Avec la moitié du beurre, beurrez un plat à gratin.

Placez-y les brochetons que vous aurez fait écailler et vider par votre poissonnier. Parsemez d'oignon coupé en fines lanières et versez le vin blanc. Assaisonnez avec du thym, du laurier, du sel et du poivre.

Enfournez 20 mn (th. 6 - 180°). A ce moment, réservez les brochetons au chaud.

Au jus de cuisson filtré, ajoutez le jaune d'œuf, le persil haché, le jus de citron et le reste du beurre. Chauffez cette sauce et nappez-en les brochetons.

Dégustez aussitôt cette recette ancestrale chère aux fins pêcheurs des bords du Rhône.

SERVEZ AVEC LE VIN UTILISÉ POUR
LA SAUCE UNE ROUSSETTE DE SAVOIE
OU UN APREMONT.

# BROCHETONS AU VIN BLANC

Recette assez simple pour 4 personnes.
Préparation 30 mn. Cuisson 20 mn.

2 brochetons (de 600 à 800 g chacun environ)
- 125 g de beurre - 1 bel oignon - 2 verres de vin
blanc sec de Savoie - 1 jaune d'œuf - thym -
laurier - persil - 1 jus de citron - sel et poivre.

Épluchez l'oignon et les carottes. Hâchez-les finement.

Versez le vin blanc dans une sauteuse. Ajoutez-y le hachis d'oignon et de carottes, les clous de girofle, la muscade, du sel et du poivre, selon votre goût.

À feu vif, faites réduire le tout pendant 10 mn.

Ajoutez alors les écrevisses. Au bout de 5 mn, elles sont rouges et parfaitement cuites.

Dressez-les aussitôt sur le plat de service.

Versez la sauce bien chaude dessus après l'avoir passée au chinois.

Quand la simplicité et la tradition se mettent au service de l'un des meilleurs produits de la nature, le résultat ne peut qu'être sublime !

SERVEZ AVEC UN SAINT-VÉRAN.

# ÉCREVISSES
# À LA NAGE

Recette cordon-bleu pour 4 personnes.
Préparation 15 mn. Cuisson 15 mn.

32 écrevisses (soit environ 1,5 kg) - 1 oignon -
2 carottes - 2 clous de girofle - 1 pincée de
muscade râpée - 1 bouquet garni - 2 verres à
moutarde de vin blanc sec (du St-Véran, par
exemple) - sel et poivre.

Faites fondre le beurre dans une cocotte, à feu doux.

Mettez-y les cuisses de grenouilles. Salez et poivrez à votre goût.

Ajoutez la crème. Couvrez et laissez mijoter pendant 15 mn.

Retirez alors du feu et liez la sauce avec le jaune d'œuf.

Dressez sur un plat chaud, parsemé de persil haché.

Cette préparation « poulette », fréquente à Lyon, peut s'appliquer à d'autres ingrédients que les cuisses de grenouilles et notamment aux moules, aux escalopes de veau et même à de toutes simples coquillettes.

SERVEZ AVEC UN MÂCON BLANC
TRÈS FRAIS.

# CUISSES
# DE GRENOUILLES

Recette très simple pour 4 personnes.
Préparation 10 mn. Cuisson 15 mn.

4 dz de cuisses de grenouilles - 40 g de beurre
- 75 g de crème - 1 jaune d'œuf - 2 cuillerées
à soupe de persil haché - sel et poivre.

Faites revenir les oignons grelots et le lard taillé en lardons dans une cocotte, avec le beurre.

Sitôt qu'ils sont bien dorés, retirez les oignons et les lardons et faites revenir le lapin coupé en morceaux.

Réservez oignons, lardons et morceaux de lapin. Dans la cocotte, versez la farine, mouillez avec le bouillon et le Beaujolais. Remuez.

Remettez alors les morceaux de lapin, le lard et les oignons. Ajoutez le bouquet garni.

Salez, poivrez et laissez cuire à couvert à feu doux pendant 50 mn.

Pilez le foie du lapin et incorporez-le à la sauce 10 mn avant la fin de la cuisson. Découvrez.

Incorporez également le sang si vous avez pu le réserver.

Rectifiez l'assaisonnement et dégustez.

SERVEZ AVEC UN BEAUJOLAIS MORGON OU BROUILLY DE PRÉFÉRENCE.

# CIVET
# DE LAPIN

Recette simple pour 4 personnes.
Préparation 25 mn. Cuisson 1 h.

1 lapin - 125 g de lard - 125 g d'oignons grelots
- 50 g de farine - 20 cl de bouillon de poule -
1/2 bouteille de Beaujolais - 50 g de beurre -
1 bouquet garni - sel et poivre.

Farcissez l'intérieur du poulet (ou du pintadeau) d'estragon frais. Salez et poivrez.

Dans une cocotte beurrée faites cuire le poulet pendant 30 mn.

Découpez-le et réservez-le au chaud.

Délayez la farine dans le bouillon. Ajoutez la crème, le Cognac et l'estragon haché. Mélangez le tout et faites cuire 5 mn à feu moyen. Assaisonnez en sel et poivre.

Versez sur les morceaux de poulet au moment de déguster cette recette célèbre.

**SERVEZ AVEC UN POUILLY-FUISSÉ OU UN RULLY BLANC.**

# POULET
# À L'ESTRAGON

Recette simple pour 4 personnes.
Préparation 15 mn. Cuisson 35 mn.

1 poulet (ou 1 pintadeau) - 250 g de crème fraîche - 2 cuillerées à soupe de farine - 1 tasse de bouillon de poule - 1 verre à liqueur de Cognac - 5 cuillerées à soupe d'estragon haché - sel et poivre - 1 bouquet d'estragon frais.

Garnissez l'intérieur du poulet avec le thym et l'ail. Poivrez au moulin.

Dans une cocotte en fonte, versez une couche de gros sel. Déposez le poulet dessus et recouvrez avec du gros sel. Fermez la cocotte.

Placez à four assez chaud (th. 6 - 180°) pendant 2 heures.

Durant la cuisson du poulet, épluchez les oignons grelots et raclez les carottes. Faites-les cuire séparément dans un peu d'eau salée.

Lorsque les oignons sont moelleux et les carottes fondantes, l'eau est réduite. Ajoutez alors le beurre et le sucre en poudre. Faites caraméliser juste avant de servir. Poivrez légèrement au Cayenne.

Quand le poulet est cuit, cassez la carapace de sel et dressez-le entouré des petits légumes confits.

SERVEZ AVEC UN CORNAS
OU UN GIDONDAS.

# POULET
# AU GROS SEL

Recette simple pour 4 personnes.
Préparation 15 mn. Cuisson 2 h.

1 poulet - 4 kg de gros sel - poivre du moulin -
1 branche de thym - 2 gousses d'ail - 400 g de
petits oignons grelots - 400 g de petites carottes
- 50 g de beurre - 2 cuillerées à soupe de sucre
en poudre - poivre de Cayenne.

Coupez le poulet en morceaux. Faites dorer les morceaux au beurre pendant 10 mn environ dans une cocotte à feu doux.

Ajoutez l'ail écrasé et le vinaigre. Flambez au Cognac. Versez le coulis de tomates. Laissez cuire encore 30 mn.

Pendant ce temps, faites réduire de moitié le vin blanc et la moutarde. Incorporez la crème. Salez et poivrez à votre goût (mais attention à la moutarde !).

Au moment de déguster le poulet, nappez-le avec cette sauce.

Encore un vieux classique de la cuisine des « gones », sans doute l'un des plats les plus réputés de France.

SERVEZ AVEC UN VIN ROSÉ D'ARBOIS
PAS TROP FRAIS.

# VOLAILLE AU VINAIGRE

Recette cordon-bleu pour 4 ou 5 personnes.
Préparation 10 mn. Cuisson 40 mn.

1 beau poulet (de Bresse) - 1 verre de très bon
vinaigre (de vin blanc) - 2 cuillerées à soupe de
coulis de tomates - 2 cuillerées à soupe de
moutarde forte - 250 g de crème fraîche - 1/4 l
de vin blanc sec (Saint-Véran) - 2 gousses d'ail
- 1 cuillerée à soupe de Cognac - sel et poivre
- 40 g de beurre.

$P$assez les tranches de foie dans la farine. Secouez-les pour éliminer la farine excessive.

$F$aites-les sauter dans une poêle avec 50 g de beurre pendant 5 mn. Salez et poivrez. Réservez.

$D$ans la poêle, faites revenir les petits oignons pelés naturellement, avec le reste du beurre et le sucre.

$L$orsque les oignons sont blonds, mouillez avec le vin et le vinaigre. Laissez cuire 10 mn. Salez et poivrez.

$A$joutez les tranches de foie dans la poêle, versez la crème par dessus et faites réduire quelques minutes.

$P$résentez les tranches de foie de veau nappées avec la sauce crémée aux oignons, et parsemées de persil haché.

SERVEZ AVEC UN BEAUJOLAIS
UN MOULIN-À-VENT PAR EXEMPLE.

# FOIE DE VEAU
# À LA LYONNAISE

Recette simple pour 4 personnes.
Préparation 10 mn. Cuisson 18 mn.

4 tranches de foie de veau - 200 g de petits oignons - 1 verre à liqueur de vinaigre de Xérès - 1 verre à moutarde de Beaujolais - 1 cuillerée à soupe de farine - 80 g de beurre - 100 g de crème fraîche - 1 bouquet de persil - 1 cuillerée à café de sucre en poudre - sel et poivre.

Piquez le saucisson pour qu'il n'éclate pas durant la cuisson.

Mettez-le à cuire dans une eau frémissante avec la carotte, l'oignon, le bouquet garni, du sel et du poivre. Laissez environ 30 mn.

Pendant ce temps, cuisez les pommes de terre à l'eau salée. Pelez-les, coupez-les en rondelles.

Assaisonnez les pommes de terre avec une vinaigrette composée du vin blanc, du vinaigre, des deux huiles, de sel et de poivre. Ajoutez les échalotes hachées finement.

Égouttez le saucisson et servez-le accompagné de cette salade de pommes de terre délectable, si possible encore tiède.

Choisissez de préférence un saucisson lyonnais, un « soce », pistaché plutôt que truffé.

**SERVEZ AVEC UN SAINT-AMOUR UN PEU FRAIS.**

# SAUCISSON CHAUD
# POMMES À L'HUILE

Recette très simple pour 5 personnes.
Préparation 15 mn. Cuisson 30 mn.

1 saucisson à cuire - 1 kg de pommes de terre
- 1 carotte - 1 oignon - 1 bouquet garni - 1 verre
à moutarde de vin blanc sec - 2 échalotes -
3 cuillerées à soupe de vinaigre de vin vieux -
3 cuillerées à soupe d'huile de noix - 3 cuillerées
à soupe d'huile d'arachide - sel et poivre du
moulin.

Dans une poêle, à feu doux, faites chauffer le saindoux.

Hachez finement les oignons et faites-les dorer dans le saindoux.

Mettez ensuite le gras-double que vous aurez taillé en lanières.

Salez et poivrez à votre goût. Laisez cuire environ 15 mn.

Déglacez avec le vinaigre et saupoudrez de cerfeuil haché. Dégustez immédiatement.

Pièce de triperie très prisée à Lyon, le gras-double se prépare également pané, frit et accompagné d'une sauce tartare.

SERVEZ AVEC UN BEAUJOLAIS-VILLAGE NOUVEAU EN SAISON.

# GRAS-DOUBLE

Recette très simple pour 2 personnes.
Préparation 15 mn. Cuisson 15 mn.

400 g de gras-double - 120 g d'oignons - 40 g de
saindoux - 1/2 verre à moutarde de vinaigre (de
vin vieux) - 1 cuillerée à soupe de cerfeuil haché
- sel et poivre.

La veille, si possible, mettez le rôti de filet de porc dans un plat légèrement graissé au saindoux. Salez-le, poivrez-le au moulin, arrosez-le de marc et saupoudrez-le de laurier écrasé.

Laissez mariner toute la nuit.

Le lendemain, préchauffez le four pendant 1/2 h (th. 6 - 180°) et enfournez le rôti pendant 1 heure.

Dans le même temps, cuisez les marrons à l'eau salée (1 heure également). Vous pouvez, bien entendu dans le but de simplifier le travail utiliser des marrons entiers en conserve. Ils sont souvent honorables.

Lorsque les marrons sont cuits, disposez-les autour du rôti de porc. Arrosez avec le jus et laissez cuire encore 1/4 h.

La saveur subtile des marrons donne à ce plat pourtant simple et populaire un petit air de fête.

SERVEZ AVEC UN VIN
DES CÔTEAUX DU FOREZ.

# RÔTI DE PORC
# AUX MARRONS

Recette simple pour 6 ou 8 personnes.
Préparation 30 mn. Cuisson 1 h 15 mn.

1,5 kg de filet de porc - 1,5 kg de marrons -
1 verre à liqueur de marc (eau-de-vie de raisin)
- 4 feuilles de laurier écrasées - sel et poivre du
moulin - saindoux pour le plat.

Faites mariner la rouelle de veau dans un mélange d'huile d'olive et d'échalotes hachées pendant 5 h.

Dans une cocotte, placez la rouelle et sa marinade. Salez, poivrez et recouvrez entièrement avec le bouillon.

Cuisez 1 h 50 à couvert sur feu doux. Retirez alors le veau.

Réduisez le bouillon de moitié et ajoutez la crème. Rectifiez l'assaisonnement.

Tranchez le veau et remettez les morceaux à réchauffer dans la sauce à la crème.

Savourez aussitôt cette recette lyonnaise qui peut être considérée comme la seule rivale sérieuse de la fameuse blanquette de veau.

SERVEZ AVEC UN VIN BLANC
DES CÔTES DU RHÔNE
UN CONDRIEU DE PRÉFÉRENCE.

# ROUELLE DE VEAU
# À LA CRÈME

Recette simple pour 6 personnes.
Préparation 5 mn. Cuisson 2 h.
Marinade 5 h.

1,5 kg de rouelle de veau - 4 échalotes - 250 g
de crème fraîche épaisse - 1 verre à moutarde
d'huile d'olive - 3 verres à moutarde de bouillon
de bœuf - sel et poivre.

Découpez le gîte à la noix en cubes de 5 cm de côté.

Dans une grande cocotte, faites chauffer un peu d'huile et de beurre et mettez les morceaux de bœuf à revenir.

Ajoutez les oignons tranchés finement et laissez-les suer.

Saupoudrez de farine, versez le Beaujolais préchauffé et de l'eau pour recouvrir le tout.

Mettez encore les pieds, la couenne taillée en larges bandes et les carottes coupées en rondelles assez fines.

Incorporez ail, bouquet garni, sucre, sel et poivre, selon votre goût.

Couvrez et laissez cuire doucement pendant 2 h en remuant de temps en temps.

Il existe différentes daubes de par la France. Celle au Beaujolais ne pourra jamais être surpassée. Elle n'est jamais meilleure que réchauffée.

SERVEZ AVEC UN BROUILLY
OU UN CÔTES-DE-BROUILLY.

# DAUBE
# BEAUJOLAISE

Recette cordon-bleu pour 6 personnes.
Préparation 30 mn. Cuisson 2 h.

1,5 kg de bœuf (gîte à la noix) - 2 pieds de porcs
(coupés en 4) - 500 g de couenne maigre - 1,5 kg
de carottes - 3 gros oignons - 1 litre d'un
Beaujolais capiteux (Brouilly) - 2 gousses d'ail -
1 bouquet garni avec persil - 2 cuillerées à soupe
de farine - 2 morceaux de sucre - sel et poivre -
huile et beurre pour la cuisson.

Pelez les oignons et tranchez-les en fines rondelles. Découpez le gîte à la noix en cubes de 5 cm de côté. Dans une grande cocotte, faites revenir les morceaux de viande dans 50 g de beurre. Lorsqu'ils sont dorés, retirez les morceaux de viande.

À la place, mettez les oignons. Arrosez-les avec un peu d'eau et placez sur feu doux. Disposez la viande sur les oignons. Couvrez et laissez cuire pendant 1 h 30 mn en rajoutant régulièrement de l'eau pour éviter que les oignons n'attachent.

Pendant ce temps, malaxez les anchois (égouttés) avec les 200 g de beurre restant. Réduisez en une pommade homogène. Retirez de nouveau les morceaux de viande. Versez le vinaigre sur les oignons. Cuisez encore 15 mn en remuant. Passez les oignons au mixer et remettez en cocotte.

Toujours sur feu doux, incorporez à la purée d'oignons votre beurre d'anchois. Assaisonnez généreusement en poivre. Remettez les morceaux de viande en cocotte et réchauffez le tout pendant quelques minutes. Dégustez immédiatement, avec des pâtes fraîches en garniture.

SERVEZ AVEC UN VIN ROUGE
DES CÔTES-DU-RHÔNE
UN CÔTE-RÔTIE SI POSSIBLE.

# GRILLADE LYONNAISE

Recette cordon-bleu pour 6 personnes.
Préparation 30 mn. Cuisson 2 h.

1,5 kg de bœuf (gîte à la noix) - 1,5 kg d'oignons
- 1 verre à moutarde de vinaigre de vin rouge -
2 petites boites de filets d'anchois allongés -
250 g de beurre - sel et poivre.

Épluchez les carottes et les oignons. Coupez-les en rondelles.

Dans une cocotte, avec le beurre, faites dorer le morceau de gîte. Ajoutez la couenne tranchée en grosses lanières, le pied de veau coupé en 4, le lard, les oignons et les carottes ainsi que le bouquet garni. Salez et poivrez.

Arrosez avec le vin blanc. Complétez avec le bouillon jusqu'à ce que le liquide recouvre la viande. Faites mijoter 5 heures à feu très doux.

Quand la viande est cuite, coupez-la en tranches. Désossez le pied de veau. Égouttez lard, carottes et oignons. Rangez le tout dans une terrine en couches successives.

Filtrez le bouillon de cuisson et versez dans la terrine jusqu'à ce qu'il affleure les bords. Placez au réfrigérateur pendant 24 h.

Démoulez, tranchez et proposez, selon la tradition, avec un hachis de ciboulette et de cerfeuil.

Une salade de pommes de terre en accompagnement fera de ce bœuf en gelée un repas succulent et substantiel.

SERVEZ AVEC UN VIN DES CÔTEAUX
DU LYONNAIS ROSÉ ET FRAIS.

# BŒUF EN GELÉE

Recette assez simple pour 8 personnes.
Préparation 30 mn. Cuisson 5 h.
Réfrigération 24 h.

1,5 kg de gîte - 1 pied de veau - 6 tranches de
lard maigre - 1 kg de carottes - 2 gros oignons
- 1 l de vin blanc sec (Mâcon) - 500 g de couenne
- 1 l de bouillon de bœuf - 60 g de beurre -
1 bouquet garni - ciboulette, cerfeuil - sel et
poivre.

Épluchez ail et échalotes. Hachez-les finement. Ciselez les 4 herbes aromatiques. La quantité dépend de votre goût personnel, de même que les proportions ; mais il faut savoir que l'estragon est plus fortement parfumé que la ciboulette, elle-même moins nuancée que le persil ou le cerfeuil.

Dans un saladier, mélangez fromages blancs frais, crème fraîche, huile d'olive, vinaigre de vin, ail, échalotes hachis d'herbe, sel et poivre selon votre goût. Attention, pour être véritablement délectable, ce plat demande à être bien relevé !

Remuez avec soin et placez au frais pendant 2 heures avant de déguster accompagné de tranches de pain de campagne légèrement grillées.

SERVEZ AVEC UN BEAUJOLAIS PRIMEUR.

# CERVELLE DE CANUT

Recette très simple pour 4 personnes.
Préparation 15 mn. Réfrigération 2 h.

4 fromages blancs frais - 4 cuillerées à soupe
de crème fraîche épaisse - 3 cuillerées à soupe
d'huile d'olive - 2 gousses d'ail - 3 échalotes -
ciboulette - persil - estragon - cerfeuil - sel
et poivre du moulin - 2 cuillerées à soupe de
vinaigre de vin rouge.

Dans une terrine, travaillez la farine avec les œufs et le beurre. Ajoutez ensuite le sel, le sucre, le marc et la crème.

La pâte doit être lisse, épaisse et élastique. Laissez-la reposer en boule pendant 3 h.

Abaissez-la ensuite au rouleau sur une planche farinée. Découpez-la en losanges de 1/2 cm d'épaisseur et de 5 cm de côté environ.

Faites frire dans de l'huile bien chaude pendant 3 mn. Égouttez sur du papier absorbant.

Servez chaud, saupoudré, selon la tradition, de sucre glace et de cannelle.

Cadeau que les paysans de la région lyonnaise offraient en remerciement de services rendus, les bugnes constituent évidemment un délicieux dessert, mais surtout un en-cas substantiel et savoureux qui réjouira les petits comme les grands.

SERVEZ AVEC UN CERDON
VIN PÉTILLANT ROSÉ DE L'AIN.

# BUGNES

Recette simple pour 6 ou 8 personnes.
Préparation 15 mn. Repos de la pâte 3 h.
Cuisson 3 mn par tournée.

250 g de farine - 3 œufs - 50 g de beurre -
50 g de sucre - 50 g de crème fraîche - 1 verre
à liqueur de marc (eau-de-vie de raisin) - huile
de friture - 2 pincées de sel.

# INDEX
## ALPHABÉTIQUE